Pobl
Pentre Bach

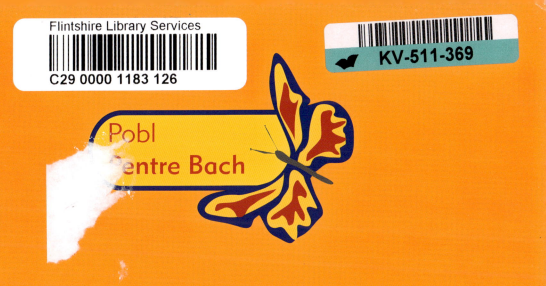

Bore Da, Bawb

gan

Ifana Savill

lluniau

Gary Evans

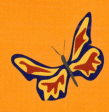

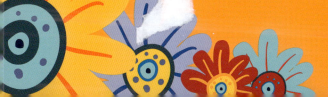

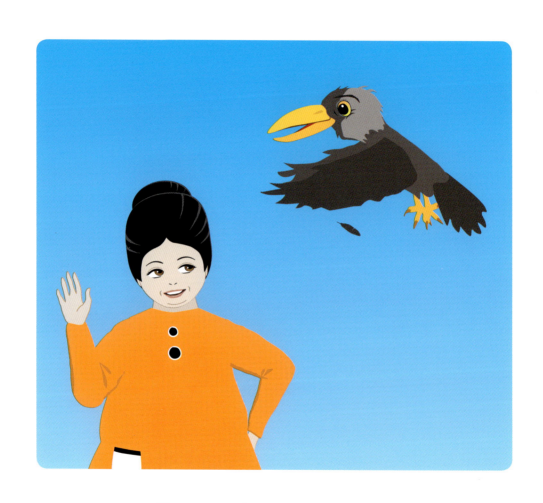

Bore da, Jac Do.

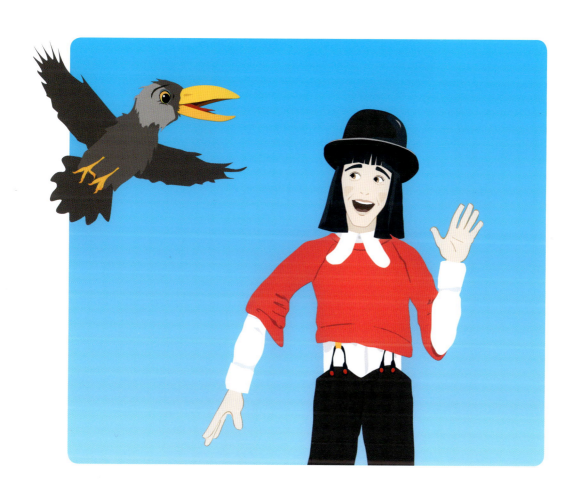

Helô, Jac y Jwc.

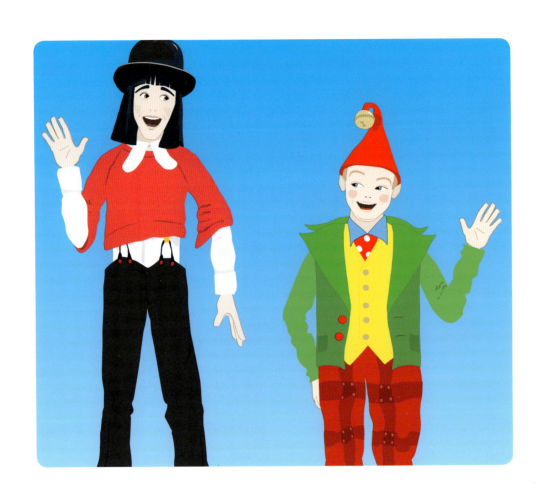

Sut wyt ti, Coblyn?

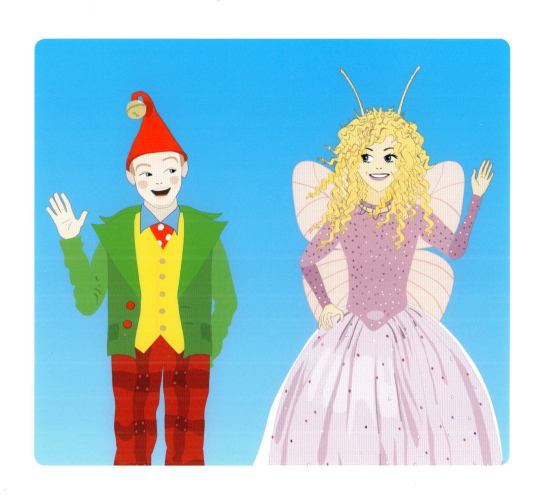

Shwmai, Pili Pala?

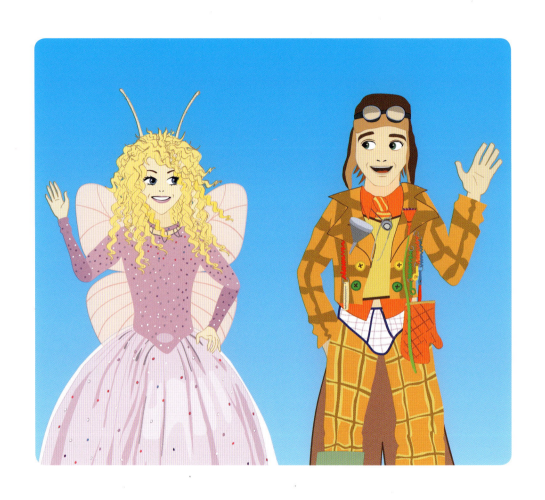

Haia, Bili Bom Bom.

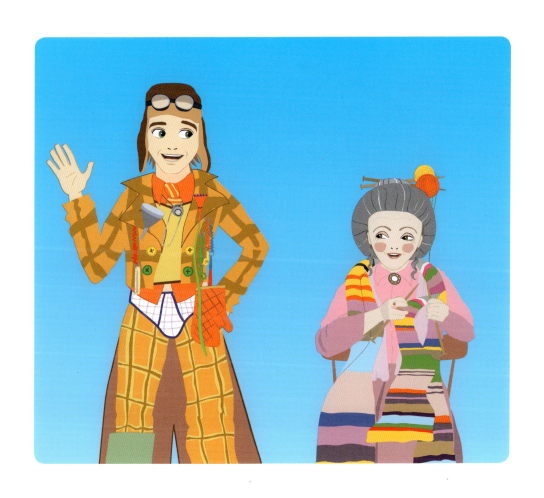

Sut mae'r hwyl, Mrs Migl Magl?

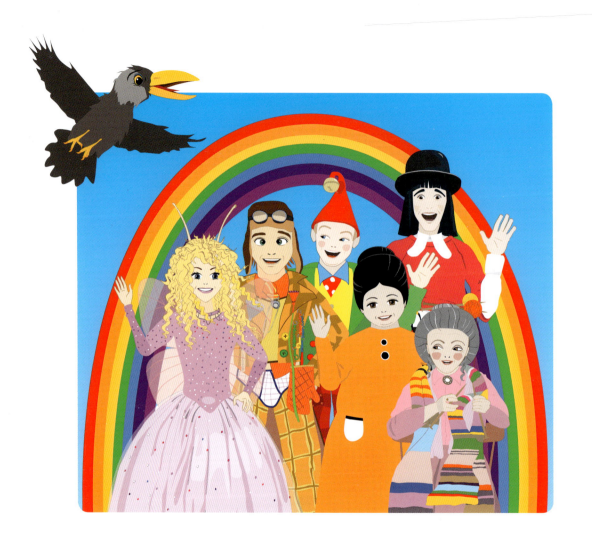

Bore da, bawb!